Made in the USA
Las Vegas, NV
20 April 2022

47744518R00056